BEI GRIN MACHT SICH IHR WISSEN BEZAHLT

- Wir veröffentlichen Ihre Hausarbeit,
  Bachelor- und Masterarbeit

- Ihr eigenes eBook und Buch -
  weltweit in allen wichtigen Shops

- Verdienen Sie an jedem Verkauf

Jetzt bei www.GRIN.com hochladen
und kostenlos publizieren

Bibliografische Information der Deutschen Nationalbibliothek:

Die Deutsche Bibliothek verzeichnet diese Publikation in der Deutschen National-
bibliografie; detaillierte bibliografische Daten sind im Internet über http://dnb.d-
nb.de/ abrufbar.

Impressum:

Copyright © 2009 GRIN Verlag, Open Publishing GmbH
Druck und Bindung: Books on Demand GmbH, Norderstedt Germany
ISBN: 9783640453542

Dieses Buch bei GRIN:

http://www.grin.com/de/e-book/137332/unternehmenssteuerreform-2008

Sandro Sterneberg

Unternehmenssteuerreform 2008

Änderung des § 7g EStG in Investitionsabzugsbeträge und Sonderabschrei-bungen zur Förderung kleiner und mittlerer Betriebe

GRIN Verlag

GRIN - Your knowledge has value

Der GRIN Verlag publiziert seit 1998 wissenschaftliche Arbeiten von Studenten, Hochschullehrern und anderen Akademikern als eBook und gedrucktes Buch. Die Verlagswebsite www.grin.com ist die ideale Plattform zur Veröffentlichung von Hausarbeiten, Abschlussarbeiten, wissenschaftlichen Aufsätzen, Dissertationen und Fachbüchern.

Besuchen Sie uns im Internet:

http://www.grin.com/

http://www.facebook.com/grincom

http://www.twitter.com/grin_com

– Hausarbeit –

Thema:

Änderung des § 7g EStG in
Investitionsabzugsbeträge und Sonderabschreibungen
zur Förderung kleiner und mittlerer Betriebe
(Unternehmenssteuerreform 2008)

Autor:

Sandro Sterneberg

Modul:

Ausgewählte Probleme des Rechnungswesens
Hochschule für Wirtschaft und Recht Berlin – SS 2009

Inhaltsverzeichnis

Tabellen- und Abbildungsverzeichnis

1. Überblick – Die Unternehmessteuerreform 2008

Am 18.08.2007 trat das Unternehmenssteuerreformgesetz in Kraft. Bereits im Koalitionsvertrag zwischen CDU, CSU und SPD vom 11.11.2005 wurden die grundlegenden Zielsetzungen dieser weitreichenden Reform der Unternehmensbesteuerung festgehalten.[1] Das deutsche Unternehmenssteuerrecht sollte demnach hinsichtlich der internationalen Wettbewerbsfähigkeit und der Europatauglichkeit verbessert werden, es sollte eine weitgehende Rechtsform- und Finanzierungsneutralität beziehungsweise eine Belastungsneutralität zwischen den unterschiedlichen Rechtsformen, ferner eine Einschränkung von steuerlichen Gestaltungsmöglichkeiten erreicht werden. Des weiteren sollte die Planungssicherheit der Unternehmen und der öffentlichen Haushalte verbessert sowie die deutsche Steuerbasis nachhaltig gesichert werden.[2]

Zur Erreichung der Ziele wurden im Rahmen der Unternehmenssteuerreform 2008 sowohl verschiedene Gesetzesänderungen betreffend der Einkommensteuer, der Körperschaftssteuer, der Gewerbesteuer, der Abgabenordnung und der Außensteuer als auch die Einführung der Abgeltungssteuer für im Privatvermögen zufließende Kapitaleinkünfte vorgenommen. Bezüglich der Erreichung einer Belastungsneutralität zwischen Personen- und Kapitalgesellschaften, wurde für Personengesellschaften eine Thesaurierungsbegünstigung für nicht entnommene Gewinne (§ 34a EStG) eingeführt. Damit auch kleinere davon nicht profitierende Personengesellschaften entlastet werden, wurde der § 7g EStG grundlegend überarbeitet. Sinn und Zweck, der für nach der Verkündung des Gesetzes (17.08.2007) endende Wirtschaftsjahre gültigen Regelung, ist es daher weiterhin, die steuerliche Begünstigung von Investitionen kleiner und mittlerer Unternehmen zu verbessern.[3]

Eine Gegenüberstellung des vorherigen Gesetztestitels (Sonderabschreibungen und Ansparabschreibungen zur Förderung kleiner und mittlerer Betriebe) mit dem geänderten Gesetzestitel (Investitionsabzugsbeträge und Sonderabschreibungen zur Förderung kleiner und mittlerer Betriebe) könnte schlussfolgern lassen, dass lediglich eine triviale Umtitulierung und daher nur marginale Modifikationen vorgenommen wurden. Dies ist gleichwohl eine zu simple Schlussfolgerung.

---

[1] Vgl. Glutsch et al 2008, S. 34 ff.
[2] Vgl. CDU et al 2005, S. 81 ff.
[3] Vgl. Glutsch et al 2008, S. 37 ff.

Es wurden vielmehr ein technischer Systemwechsel sowie signifikante Veränderungen der Anspruchs- und Nutzungsvorrausetzungen und der jeweiligen Rechtsfolgen vorgenommen.[4]

Ziel dieser Arbeit ist es daher, die neue Fassung des § 7g EStG mit der alten Fassung detailliert zu vergleichen, um die wesentlichen Veränderungen und Auswirkungen für die betreffenden Unternehmen herauszuarbeiten. Als These wird der Arbeit zugrundegelegt, dass die Änderungen ausnahmslos zu Verbesserungen für alle bisher begünstigten kleinen und mittleren Unternehmen führen. Der Vergleich erfolgt größtenteils analog zur thematischen Reihenfolge der neuen Fassung des § 7g EStG und wird die Aspekte begünstigte Investitionen und Betriebe, weitere Anspruchs- und Nutzungsvoraussetzungen sowie Rechtsfolgen, welche anhand eines praktischen Beispiels illustriert werden, behandeln. Am Schluss der Arbeit wird ein Fazit hinsichtlich der wesentlichen Veränderungen und Verbesserungen respektive potentiellen Verschlechterungen gezogen, wie auch eine Überprüfung der zugrundegelegten These vorgenommen.

2. Einblick – Die Änderung des § 7g EStG

Im ersten Abschnitt wurde einleitend auf die Unternehmenssteuerreform 2008 und die daraus hervorgegangene Änderung des § 7g EStG eingegangen. Im zweiten Abschnitt werden die alte Fassung mit der neuen Fassung des Gesetzes verglichen und die wesentlichen Veränderungen und Auswirkungen herausgearbeitet.

Aufgrund des besseren Verständnis der weiteren Argumentation ist es vorab notwendig auf den technischen Systemwechsel sowie den Sinn und Zweck des § 7g EStG einzugehen. Das vorherige System der Ansparabschreibungen bzw. der Bildung von Ansparrücklagen ermöglichte für die künftige Anschaffung oder Herstellung eines Wirtschaftsgutes/ von Wirtschaftsgütern einen bilanziellen gewinnmindernden Abzug in Höhe von maximal 40% der voraussichtlichen Anschaffungs-/ Herstellungskosten (im Folgenden als AHK bezeichnet). Im Gegensatz dazu ermöglicht das aktuelle System der Investitionsabzugsbeträge einen außerbilanziellen gewinnmindernden Abzug.[5] Darüber hinaus muss ebenfalls angemerkt werden, dass Sonderabschreibungen von den tatsächlichen AHK der Investition/ der Investitionen nach der alten Systematik erst nach

---

[4] Vgl. Höreth/Stelzer 2007, S. 54 ff.
[5] Vgl. Höreth/Stelzer 2007, S. 54 ff.

vorheriger Bildung von Ansparrücklagen möglich waren und dass sich die Anspruchs-/ Nutzungsvoraussetzungen (im Folgenden als ANV bezeichnet) größtenteils auf die Sonderabschreibungen und nur teilweise auf die Bildung der Ansparrücklagen bezogen.[6] In der neuen Fassung wurden die Investitionsabzugsbeträge den Sonderabschreibungen vorangestellt, da die Vorverlagerung von Abschreibungspotential zeitlich vor der Inanspruchnahme von Sonderabschreibungen bei der Investition liegt.[7]

Sinn und Zweck der neuen Investitionsabzugsbeträge ist weiterhin die Möglichkeit einer Steuerstundung für kleinere und mittlere Unternehmen, um eigene finanzielle Mittel für Investitionen anzusparen und damit die Liquidität und Eigenkapitalbindung, die Investitions- und Innovationskraft und somit auch die Wettbewerbssituation insgesamt zu verbessern. Durch die Neuregelung wurden unter anderem die begünstigten Investitionen und der Kreis der begünstigten Betriebe erweitert als auch die technische Handhabung aufgrund des technischen Systemwechsels vereinfacht.[8]

2.1. Begünstigte Investitionen und Betriebe

Nach § 7g Absatz 1 Satz 1 EStG n.F. sind Investitionen bzw. die künftige Anschaffung oder Herstellung von abnutzbaren beweglichen Wirtschaftsgütern des Anlagevermögens begünstigt. Dies bedeutet im Gegensatz zum § 7g Absatz 3 Satz 1 EStG a.F. in Verbindung mit § 7g Absatz 1 Satz 1 EStG a.F., dass nunmehr neben neuen ebenfalls gebrauchte Wirtschaftsgüter des Anlagevermögens zu den begünstigten Investitionsobjekten zählen.[9]

Bezüglich der begünstigten Betriebe bzw. Personenkreise kann konstatiert werden, dass hierzu sowohl nach der alten als auch nach der neuen Fassung grundsätzlich Gewerbetreibende/ Selbständige, Land- und Forstwirte sowie Freiberufler zu zählen sind.[10] Die einzige Änderung besteht darin, dass die besondere Begünstigung von Existenzgründern mittels der Sonderregelungen gemäß § 7g Absatz 7 EStG a.F. abgeschafft wurde, da diese aufgrund der veränderten Rechtsfolgen insbesondere hinsichtlich der Höhe der Investitionsabzugsbeträge für nicht mehr erforderlich gehalten wurden. Des weiteren soll die

---

[6] Vgl. Höreth/Stelzer 2007, S. 68 f.
[7] Vgl. Möhlenbrock/Benecke 2007, S. 554 f.
[8] Vgl. Blumenberg/Benz 2007, S. 78 f.
[9] Vgl. Höreth/Stelzer 2007, S. 55 f.
[10] Vgl. Ballof/Krudewig 2007, S. 44 f.

Streichung der komplizierten Voraussetzungen bzw. Regelungen zu den sensiblen Sektoren nach § 7g Absatz 8 EStG a.f. zu einer Steuervereinfachung führen.[11] Auf die nicht mehr vorhandenen Sonderregelungen für Existenzgründer wird ebenfalls punktuell im weiteren Verlauf der Arbeit eingegangen.

Hinsichtlich der begünstigten Betriebsgrößen, welche von der jeweiligen Betriebsart und Gewinnermittlungsmethode abhängen, wurden hingegen signifikante quantitative Anpassungen vorgenommen. Begünstigt bzw. anspruchsberechtigt sind nach § 7g Absatz 1 Satz 2 Nr. 1a-c EStG n.F. steuerpflichtige Betriebe, die am Schluss des Wirtschaftsjahres, in dem der Investitionsabzugsbetrag vorgenommen werden soll, bestimmte Größenmerkmale nicht überschreiten. Für Gewerbebetriebe oder der selbständigen Arbeit dienenden Betrieben, die ihren Gewinn durch Bilanzierung gemäß § 4 Absatz 1 EStG oder § 5 EStG ermitteln, darf das Betriebsvermögen nach § 7g Absatz 1 Satz 2 Nr. 1a EStG n.F. höchstens 235.000 Euro betragen. Im Vergleich dazu durfte das Betriebsvermögen dieser Betriebe gemäß § 7 g Absatz 3 Satz 4 Nr. 2 EStG a.f. in Verbindung mit § 7 g Absatz 2 Satz 1 Nr. 1a EStG a.f. nicht mehr als 204.517 Euro betragen. Ferner bezog sich die Höhe des Betriebsvermögens jeweils auf den Schluss des der Anschaffung oder Herstellung des Wirtschaftsgutes vorangehenden Wirtschaftsjahres. Land- und forstwirtschaftliche Betriebe sind nach § 7g Absatz 1 Satz 1 Nr. 1b EStG n.F. anspruchsberechtigt, wenn ihr Wirtschaftswert (Betriebe in den alten Bundesländern) oder ihr Ersatzwirtschaftswert (Betriebe in den neuen Bundesländern) 125.000 Euro nicht übersteigt. § 7g Absatz 2 Satz 1 Nr. 1b EStG a.f. gestattete dies wiederum nur, wenn der Einheitswert des Betriebes im Zeitpunkt der Anschaffung oder Herstellung des Wirtschaftsguts nicht mehr als 122.710 Euro betrug. Betriebe im Sinne des § 7g Absatz 1 Satz 1 Nr. 1a und b EStG n.F, die hingegen ihren Gewinn durch Einnahmen-Überschuss-Rechnung nach § 4 Absatz 3 EStG ermitteln, z.B. Freiberufler, sind nach § 7g Absatz 1 Satz 1 Nr. 1c EStG n.F. lediglich dann anspruchsberechtigt, wenn ihr Gewinn ohne Berücksichtigung des Investitionsabzugsbetrages den Wert von 100.000 Euro nicht übersteigt. Im Gegensatz zur neuen, existierten nach der alten Fassung für derartige Betriebe keine Gewinnhöchstgrenzen.[12] Nach § 7g Absatz 7 EStG n.F. gelten die

---

[11] Vgl. Höreth/Stelzer 2007, S. 54
[12] Vgl. Höreth/Stelzer 2007, S. 56 ff.

Investitionsabzugsbeträge auch für Personengesellschaften und Gemeinschaften unter der Voraussetzung, dass an die Stelle des Steuerpflichtigen die Gesellschaft oder die Gemeinschaft tritt. Werden Investitionsabzugsbeträge für das Gesamthandvermögen in Anspruch genommen, sind die genannten Größenmerkmale auf das Betriebsvermögen der Personengesellschaft einschließlich möglicher Ergänzungs- und Sonderbilanzen zu beziehen. Die Abzugsbeträge können im Gesamthandsvermögen sowie im Sonderbetriebsvermögen vorgenommen werden. Das gesamte Betriebsvermögen ist jedoch als Einheit zu betrachten.[13]

2.2. Weitere Anspruchs-/ Nutzungsvoraussetzungen

Für die Bildung der Ansparrücklagen/ der Inanspruchname der Investitionsabzugsbeträge seitens der steuerpflichtigen Betriebe, bestanden/ bestehen neben der Einhaltung der oben genannten Betriebsgrößenmerkmale weitere ANV. Diese beziehen sich auf die Investition- und Nutzungsabsicht respektive den Investitionszeitraum und die betriebliche Nutzung des Wirtschaftsgutes sowie die Dokumentation des Investitionsvorhabens gegenüber dem Finanzamt. Gemäß § 7g Absatz 1 Satz 1 Nr. 2a-b EStG n.F. müssen eine bestimmte Investitions- und Nutzungsabsicht kumulativ vorliegen. Der Steuerpflichtige muss nach § 7g Absatz 1 Satz 1 Nr. 2a EStG n.F. beabsichtigen, das begünstigte Wirtschaftsgut voraussichtlich in den drei Wirtschaftsjahren nach dem Wirtschaftsjahr des Investitionsabzugs anzuschaffen oder herzustellen. Der Investitionszeitraum beträgt somit 3 Jahre. Nach § 7g Absatz 3 Satz 2 EStG a.F. betrug der Investitionszeitraum 2 Jahre, da die Ansparrücklagen nur gebildet werden durften, wenn der Steuerpflichtige beabsichtigte, das Wirtschaftsgut voraussichtlich bis zum Ende des zweiten auf die Bildung der Rücklage folgenden Wirtschaftsjahres anzuschaffen oder herzustellen. Existenzgründern stand hingegen gemäß § 7g Absatz 7 Satz 1 Nr. 1 EStG a.F. ein längerer Investitionzeitraum von 5 Jahren zu Verfügung.[14]

Bezüglich der zu erfüllenden Nutzungsabsicht wird in § 7g Absatz 1 Satz 2 Nr. 2b EStG n.F. gefordert, dass der Steuerpflichtige beabsichtigen muss, das Wirtschaftsgut mindestens bis zum Ende des Wirtschaftsjahres der Anschaffung oder Herstellung folgenden Wirtschaftsjahres in einer inländischen Betriebsstätte

---

[13] Vgl. Blumenberg/Benz 2007, S. 80 f.

[14] Vgl. Blumenberg/Benz 2007, S. 81 f.

ausschließlich oder fast ausschließlich betrieblich zu nutzen. Das Wirtschaftsgut muss also mindestens 1 Jahr nach der Anschaffung oder Herstellung zu mindestens 10% (fast ausschließlich) betrieblich genutzt werden. Im Gegensatz dazu schrieb die alte Regelung keine betriebliche Mindestnutzungsabsicht vor. Das bedeutet, dass im Gegensatz zur Neuregelung, zur Bildung der Ansparrücklagen keine kumulative Erfüllung einer Investitions- und Nutzungsabsicht vorliegen musste. Eine ähnliche Voraussetzung existierte jedoch gemäß § 7g Absatz 2 Satz 1 Nr. 2a-b EStG a.F. lediglich für Sonderabschreibungen für das Wirtschaftsgut, welches mindestens 1 Jahr nach Anschaffung oder Herstellung in einer inländischen Betriebsstätte verbleiben musste (Verbleibensvoraussetzung) und im Wirtschaftsjahr der Inanspruchnahme ausschließlich oder fast ausschließlich betrieblich genutzt werden musste.[15]

Des weiteren ist eine Dokumentation des Investitionsvorhabens gegenüber dem Finanzamt nach § 7g Absatz 1 Satz 2 Nr. 3 EStG n. F. insofern gefordert, als dass der Betrieb das Wirtschaftsgut in den beim Finanzamt einzureichenden Unterlagen nach § 60 EstDV (Bilanz bzw. Einnahmen-Überschuss-Rechnung nach amtlichem Vordruck) seiner Funktion nach benennt und die Höhe der voraussichtlichen AHK angibt. Dabei ist jede beabsichtigte Investition gesondert aufzuführen. Ferner sind Sammelbezeichnungen wie beispielsweise „Maschine" nicht ausreichend, Funktionsbezeichnungen wie „Transportfahrzeug" hingegen schon. Dafür könnten dann z.b. Gabelstapler, Lastkraftwagen oder Lastkraftwagenanhänger erworben werden. Die Anschaffung eines Personenkraftwagens wäre jedoch nicht möglich. Entbehrlich ist hingegen die Angabe des Wirtschaftsjahres, in dem die Investition erfolgen soll.[16] Die vorherige Fassung enthielt keine diesbezügliche gesetzliche Vorschrift. Dennoch war auch bisher eine Benennung der Funktion des Wirtschaftsgutes und die Angabe der Höhe der voraussichtlichen AHK notwendig.[17]

Bislang bezogen sich die ANV jeweils auf die Investitionsabzugsbeträge bzw. die Ansparrücklagen. Bezüglich der Sonderabschreibungen kann konstatiert werden, dass nach § 7g Absatz 5-6 EStG n.F. Sonderabschreibungen von bis zu 20% der tatsächlichen AHK von abnutzbaren beweglichen Wirtschaftsgütern des Anlagevermögens vollständig im Jahr der Anschaffung/ Herstellung oder verteilt in den

---

[15] Vgl. Blumenberg/Benz 2007, S. 81 f.

[16] Vgl. Glutsch et al 2007, S. 203

[17] Vgl. Höreth/Stelzer 2007, S. 62 f.

vier folgenden Wirtschaftsjahren möglich sind. Hierbei müssen nach § 7g Absatz 6 Satz 1 Nr. 1 EStG n.f. die Betriebsgrößenmerkmale nach § 7g Absatz 1 Satz 2 Nr. 1 a-c EStG n.f. zum Schluss des Wirtschaftsjahres, das der Anschaffung oder Herstellung vorangeht, erfüllt sein sowie eine ausschließlich oder fast ausschließliche Nutzung in einer inländischen Betriebsstätte mindestens im Jahr der Anschaffung/ Herstellung und im darauf folgendem Wirtschaftsjahr nach § 7g Absatz 6 Satz 1 Nr. 2 EStG n.f. vorliegen. Unterschiede zur neuen Fassung ergeben sich insofern, als dass Sonderabschreibungen analog zu den Ansparrücklagen nur für neue bewegliche Wirtschaftsgüter des Anlagevermögens vornehmbar waren (§ 7g Absatz 1 Satz 1 EStG a.f.), die einzuhaltenden Betriebsgrößenmerkmale unterschiedlich waren (§ 7g Absatz Satz 1 Nr. 1a-b EStG a.f.), das Wirtschaftsgut mindestens 1 Jahr nach Anschaffung/ Herstellung in einer inländischen Betriebsstätte verbleiben musste (Verbleibensvoraussetzung: § 7g Absatz 2 Satz 1 Nr. 2 a EStG a.f.), das Wirtschaftsgut im Jahr der Inanspruchnahme der Sonderabschreibungen ausschließlich/ fast ausschließlich betrieblich genutzt werden musste (§ 7g Absatz 2 Satz 1 Nr. 2b EStG a.f. und wie erwähnt die Inanspruchnahme der Sonderabschreibungen erst nach vorheriger Bildung von Ansparrücklagen möglich war (§ 7g Absatz 2 Satz 1 Nr. 3 EStG a.F.). [18]

2.3. Rechtsfolgen anhand eines praktischen Beispiels

Nachdem die weiteren ANV der alten und der neuen Regelung verglichen wurden, folgt nun die Illustration der unterschiedlichen Rechtsfolgen anhand eines fiktiven praktischen Beispiels.

Der bilanzierende Gewerbetreibende G, der ein kleines Umzugsunternehmen betreibt (Wirtschaftsjahr entspricht Kalenderjahr, Betriebsvermögen am 31.12.2009: 200.000 Euro), beabsichtigt zum 01.01.2011 die Anschaffung eines LKW (Nutzungsdauer 4 Jahre) in Höhe von voraussichtlich 100.000 Euro. Er bezweckt damit seinen Fuhrpark zu erweitern, um mehr Aufträge als bisher entgegennehmen zu können und somit seine Wettbewerbssituation zu verbessern. Am 31.12.2009 nimmt er einen Investitionsabzugsbetrag in Höhe von 40% der prognostizierten Anschaffungskosten in Anspruch (alternativ: Bildung einer Ansparrücklage). Am 01.01.2011 wird der LKW zu den tatsächlichen Anschaffungskosten von 100.000 Euro (Variante A), 120.000 Euro (Variante B) und

---

[18] Vgl. Höreth/Stelzer 2007, S. 68 ff.

80.000 Euro (Variante C) gekauft und geliefert bzw. wird die Investitionsabsicht (Variante D) und die betriebliche Nutzungsabsicht (Variante E) nicht eingehalten. Das Beispiel ist angelehnt an ein Beispiel von Blumenberg/Benz 2007 sowie zum Teil an ein Beispiel von Sorg 2007, wurde jedoch sehr modifiziert. [19, 20] Aufgrund des limitierten Umfangs dieser Arbeit, können nicht alle denkbaren Varianten betrachtet werden. Ferner wird die Alternative der Ansparrücklagen aus sprachlichen Vereinfachungsgründen wie eine real mögliche Alternative behandelt. Außerdem werden der Einfachheit halber sämtliche vorgenannte Voraussetzungen zur Inanspruchnahme des Investitionsabzugsbeträge/ der Bildung der Ansparrücklagen bei allen Varianten zunächst als erfüllt angesehen, so dass lediglich auf die technische Handhabung und die jeweiligen steuerlichen Gewinnauswirkungen eingegangen wird.

Unter dieser Bedingung kann G am 31.12.2009 bei allen Varianten einen Investitionsabzugsbetrag nach § 7g Absatz 1 Satz 1 EStG n.F. in Anspruch nehmen/ eine Ansparrücklage nach § 7g Absatz 3 Satz 1 EStG a.F. bilden. Der Investitionsabzugsbetrag führt technisch zu einer außerbilanziellen, die Bildung der Ansparrücklage hingegen zu einer bilanziellen, Minderung des Gewinns in Höhe von 40.000 Euro (40% der prognostizierten AHK von 100.000 Euro). Wegen der unterschiedlichen Investitionszeiträume könnte der Betrag nach § 7g Absatz 1 Satz 1 Nr. 3 EStG n.F. auch verteilt auf 3 Jahre, nach § 7g Absatz 3 Satz 2 EStG a.F. verteilt auf 2 Jahre, geltend gemacht werden können. Eine Erhöhung der geltendgemachten Beträge infolge von im Zeitablauf höher prognostizierten Anschaffungskosten ist ebenfalls möglich, jedoch pro Betrieb des G nach § 7g Absatz 1 Satz 1 Nr. 3 EStG n.F. auf maximal 200.000 Euro/ nach § 7g Absatz 3 Satz 3 Nr. 4 EStG a.F. auf maximal 154.000 Euro begrenzt.

Ferner können die gewinnmindernden Beträge nach § 7g Absatz 1 Satz 1 Nr. 3 EStG n.F. bzw. nach § 7g Absatz 3 Satz 3 Nr. 4 EStG a.F. auch dann geltend gemacht werden, wenn sich dadurch ein Verlust ergibt oder erhöht. Zur Vervollständigung der möglichen Rechtsfolgen ist anzumerken, dass G, insofern er die Gewinnermittlung durch Einnahmen-Überschuss-Rechnung nach § 4 Absatz 3 EStG vornehmen würde, die Bildung der Ansparrücklagen nach § 7g Absatz 6 Satz 1 EStG a.F. als Betriebsausgaben ausweisen müsste und G diese als

---

[19] Vgl. Blumenberg/Benz 2007 S. 84 ff.
[20] Vgl. Sorg 2007, S. 273 ff.

Existenzgründer nach § 7g Absatz 7 Satz 1 Nr. 2 EStG a.F. in Höhe von bis zu 307.000 Euro auf 5 Jahre verteilt geltend machen könnte. Die Handhabung und die steuerlichen Gewinnauswirkungen sind in der folgenden Tabelle illustriert:

Wirtschaftsjahr / Systematik	Variante A	Variante B	Variante C
2009 / IAB	Inanspruchnahme IAB: ./. 40.000 €	Inanspruchnahme IAB: ./. 40.000 €	Inanspruchnahme IAB: ./. 40.000 €
	Gewinn: = ./. 40.000 €	Gewinn: = ./. 40.000 €	Gewinn: = ./ 40.000 € *
2009 / ASR	Bildung ASR: ./. 40.000 €	Bildung ASR: ./. 40.000 €	Bildung ASR: ./. 40.000 €
	Gewinn: = ./. 40.000 €	Gewinn: = ./. 40.000 €	Gewinn: = ./. 40.000 €
2011 / IAB	Hinzurechnung IAB: + 40.000 €	Hinzurechnung IAB: + 40.000 €	Hinzurechnung IAB: + 32.000 €
	AK I: 100.000 € ./. AK-Abzug: 40.000 € = AK II: 60.000 € ./. SA: 12.000 € = AK III: 48.000 € ./. AfA: 12.000 € = BW: 28.500 €	AK I: 120.000 € ./. AK-Abzug: 40.000 € = AK II: 80.000 € ./. SA: 16.000 € = AK III: 64.000 € ./. AfA: 16.000 € = BW: 48.000 €	AK I: 80.000 € ./. AK-Abzug: 32.000 € = AK II: 48.000 € ./. SA: 9.600 € = AK III: 38.400 € ./. AfA: 9.600 € = BW: 28.880 €
	Gewinn: = ./. 24.000 €	Gewinn: = ./. 32.000	Gewinn: = ./. 19.200 €
2011 / ASR	Auflösung ASR: + 40.000 €	Auflösung ASR: + 40.000 €	Auflösung ASR: + 32.000 €
	AK I: 100.000 € ./. SA: 20.000 € = AK II: 80.000 € ./. AfA: 20.000 € = BW: 60.000 €	AK I: 120.000 € ./. SA: 24.000 € = AK II: 96.000 € ./. AfA: 24.000 € = BW: 72.000 €	AK I: 80.000 € ./. SA: 16.000 € = AK II: 64.000 € ./. AfA: 16.000 € = BW: 48.000 €
	Gewinn: Keine Veränderung	Gewinn: = ./. 8.000 €	Gewinn: Keine Veränderung *

*Tabelle 1: Übersicht über die technische Handhabung und die steuerlichen Gewinnauswirkungen [Selbst erstellte Tabelle in Anlehnung an das modifizierte Beispiel von Blumenberg/Benz 2007 bzw. Sorg 2007] * siehe Erklärung zur Variante C*

Legende:
IAB (Investitionsabzugsbetrag)
ASR (Ansparrücklage)
AK (Anschaffungskosten)
AfA (Absetzung für Abnutzung)
SA (Sonderabschreibungen)
BW (Buchwert)

Erläuterung zur Variante A

Die prognostizierten Anschaffungskosten (100.000 Euro) entsprechen den tatsächlichen Anschaffungskosten (100.000 Euro). In 2011 muss G nach § 7g Absatz 2 Satz 1 EStG n.f. den in 2009 in Anspruch genommenen Investitionsabzugsbetrag außerbilanziell gewinnerhöhend in Höhe von 40.000 Euro hinzurechnen/ nach § 7g Absatz 4 Satz 1 EStG a.f. die gebildete Ansparrücklage bilanziell gewinnerhöhend in dieser Höhe auflösen. Des weiteren kann G nach § 7g Absatz 2 Satz 2 EStG n.f. die tatsächlichen Anschaffungskosten des LKW in Höhe von maximal 40% bzw. maximal in Höhe des hinzugerechneten Betrages von 40.000 Euro herabsetzen. Dies stellt eine signifikante Veränderung gegenüber der alten Regelung dar, da sich die gewinnmindernde Herabsetzung der Anschaffungskosten und die gewinnerhöhende Zurechnung kompensieren und sich daher keine Gewinnauswirkungen ergeben. Ferner verringert sich dadurch nach § 7g Absatz 4 Satz 2 EStG n.f. die Bemessungsgrundlage für Sonderabschreibungen und die Absetzungen für Abnutzung. Nimmt G nach § 7g Absatz 5 Satz 1 EStG n.f. zusätzlich Sonderabschreibungen von 20%, die er einmalig im Jahr der Anschaffung oder verteilt auf die vier Folgejahre geltend machen kann, in Anspruch, dann verringert sich der Gewinn in 2011 nach den Absetzungen für Abnutzung um 24.000 Euro. Im Vergleich dazu ergeben sich bei der Alternative nach der Inanspruchnahme von Sonderabschreibungen nach § 7g Absatz 1 Satz 1 EStG a.F. und den Absetzungen für Abnutzung keine Gewinnauswirkungen.[21, 22]

Erläuterung zur Variante B

Die prognostizierten Anschaffungskosten (100.000 Euro) sind geringer als die tatsächlichen Anschaffungskosten (120.000 Euro). Hinsichtlich der technischen Handhabung muss G analog zu Variante A verfahren. Allerdings muss er trotz höherer tatsächlicher Anschaffungskosten den Investitionsabzugsbetrag nach § 7g Absatz 2 Satz 1 EStG n.F./ die Ansparrücklage nach § 7g Absatz 3 Satz 1 EStG a.F. maximal in Höhe von 40.000 Euro gewinnerhöhend hinzurechnen bzw. auflösen. Ferner kann G nach § 7g Absatz 2 Satz 2 EStG n.F. die höheren Anschaffungskosten maximal um diesen hinzugerechneten Betrag herabsetzen, so dass sich die Bemessungsgrundlage für die Sonderabschreibungen und die

---

[21] Vgl. Blumenberg/Benz 2007 S. 84 ff.
[22] Vgl. Sorg 2007, S. 273 ff.

Absetzungen für Abnutzung entsprechend ändern. Aus diesen Gründen, verringert sich sein Gewinn in 2011 um 32.000 Euro, wohingegen sich der Gewinn nach der alten Regelung um vergleichsweise geringe 8.000 Euro verringern würde. [23, 24]

Erläuterung zur Variante C:

Die prognostizierten Anschaffungskosten (100.000 Euro) sind höher als die tatsächlichen Anschaffungskosten (80.000 Euro). Hinsichtlich der technischen Handhabung muss G analog zu Variante A verfahren. Es ergibt sich jedoch ein geringerer gewinnerhöhender Hinzurechnungsbetrag/ Auflösungsbetrag in Höhe von 32.000 Euro (40% von 80.000 Euro), weswegen G die Anschaffungskosten dementsprechend nur um diesen Betrag verringern kann und sich die jeweilige Bemessungsgrundlage und die Sonderabschreibungen und Absetzungen für Abnutzungen erhöhen. Da angenommen wird, dass G während des Investitionszeitraumes von 3 Jahren (2009-2012) keine weiteren Anschaffungskosten für den LKW anfallen, muss er nach § 7g Absatz 3 EStG n.F. im Jahre 2012 den Investitionsabzugsbetrag für 2009 um 8.000 Euro (Abzugsbetrag 40.000 Euro ./. Zurechnungsbetrag 32.000 Euro) rückgängig machen, wodurch sich sein Gewinn für 2009 nachträglich erhöht. Außerdem muss er eine etwaige Steuernachforderung gemäß § 233a AO mit 0,5 % verzinsen. Die gebildete Ansparrücklage müsste er hingegen nach § 7g Absatz 4 Satz 2 EStG a.F. am Ende des Investitionszeitraumes von 2 Jahren (2009-2011) um 8.000 € zusätzlich auflösen und diesen Differenzbetrag nach § 7g Absatz 5 Satz 1 EStG a.F. mit 6 % für jedes Wirtschaftsjahr in denen die Rücklage bestand (Investitionszeitraum) verzinsen. Wäre G ein Existenzgründer, dann müsste er nach § 7g Absatz Satz 1 Nr. 3 EStG a.F. für keine derartige Verzinsung vornehmen. Insgesamt verringert sich sein Gewinn in 2011 um 19.200 Euro.

Bei der Alternative ergeben sich bis auf die zusätzliche Auflösung und Verzinsung keine Gewinnauswirkungen.[25, 26]

---

[23] Vgl. Blumenberg/Benz 2007 S. 84 ff.
[24] Vgl. Sorg 2007, S. 273 ff.
[25] Vgl. Blumenberg/Benz 2007, S. 84 ff.
[26] Vgl. Sorg 2007, S. 273 ff.

Erläuterung zur Variante D

G führt die Anschaffung des LKW nicht durch und hält damit die Investitionsabsicht nicht ein. Aus diesem Grund muss er den gesamten Investitionsabzugsbetrag in 2009 rückgängigmachen/ die gesamte Ansparrücklage in 2011 auflösen und den jeweiligen Betrag analog zu Variante C ggf. verzinsen. Dementsprechend kann G weder nach der neuen Regelung noch nach der alten Regelung den Gewinn in den Wirtschaftsjahren 2009 und 2011 verringern. [27, 28]

Erläuterung zur Variante E:

G hält die betriebliche Nutzungsabsicht nach § 7g Absatz 1 Satz 2 Nr. 2b EStG n.F. nicht ein, da er den LKW nicht bis zum Ende des dem Wirtschaftsjahr der Anschaffung folgenden Wirtschaftsjahres (bis 2012) in einer inländischen Betriebsstätte des Betriebs ausschließlich oder fast ausschließlich betrieblich nutzt. Daher muss G den Investitionsabzug in 2009 sowie den hinzugerechneten Investitionsabzugsbetrag und die Herabsetzung der Anschaffungskosten in 2011 vollständig rückgängig machen, was außerdem dazu führt, dass die Bemessungsgrundlage für die Sonderabschreibungen und die Absetzungen für Abnutzungen korrigiert werden muss. Ferner sind die Voraussetzungen zur Inanspruchnahme der Sonderabschreibungen nach § 7g Absatz 6 Satz 1 Nr. 1-2 EStG n.f. ebenfalls nicht mehr gegeben, so dass diese nicht vorgenommen werden dürfen. Außerdem ist eine etwaige Steuernachforderungen analog zu Variante C ggf. zu verzinsen. Da nach der alten Regelung keine Erfüllung einer Nutzungsabsicht für die Bildung der Ansparrücklagen gesetzlich geregelt war, hätte G analog der Variante A vorgehen können. Da es hinsichtlich der Voraussetzungen zur Inanspruchname der Sonderabschreibungen nach § 7g Absatz 2 Satz 1 Nr. 2a-b EStG a.F. Vorschriften gab, kann G in 2011 jedoch keine Sonderabschreibungen in Anspruch nehmen. Dementsprechend kann G bis auf die regulären Absetzungen für Abnutzungen weder nach der neuen noch nach der alten Regelung den Gewinn in den Wirtschaftsjahren 2009 und 2011 verringern. [29, 30]

---

[27] Vgl. Blumenberg/Benz 2007, S. 84 ff.
[28] Vgl. Sorg 2007, S. 273 ff.
[29] Vgl. Blumenberg/Benz 2007 S. 84 ff.
[30] Vgl. Sorg 2007, S. 273 ff.

3. Ausblick – Die Auswirkungen der Änderung des § 7g EStG

Wie einleitend beschrieben, wurden im Zuge der Unternehmensteuerreform 2008 diverse Gesetzesänderungen vorgenommen, um verschiedene Zielsetzungen zu erreichen. Bezüglich der Erreichung einer weitgehenden Rechtsform- und Finanzierungsneutralität bzw. einer Belastungsneutralität zwischen Personen- und Kapitalgesellschaften, wurde neben der Einführung einer Thesaurierungs-begünstigung für Personengesellschaften mittels § 34a EStG, der bestehende § 7g EStG grundlegend überarbeitet. Sinn und Zweck der Neuregelung ist es daher weiterhin, die steuerliche Begünstigung von Investitionen kleiner und mittlerer Unternehmen zu verbessern. Mittels der in der Arbeit beschriebenen Änderungen hinsichtlich der begünstigten Investitionen, den begünstigten Betrieben, den verschiedenen weiteren ANV sowie den jeweiligen Rechtsfolgen sollte dies jedoch zielgenauer erfolgen und aufgrund des vorgenommenen technischen Systemwechsels zu einer deutlichen Vereinfachung für die Unternehmen führen.[31] Zusammenfassend kann gesagt werden, dass aus den Änderungen sowohl Verbesserungen als auch Verschlechterungen resultieren.

Verbesserungen ergeben sich beispielsweise in der Ausweitung der begünstigten Investitionen auf gebrauchte Wirtschaftsgüter sowie der Anhebung der Betriebsgrößenmerkmale für bilanzierende Gewerbebetriebe/Selbständige (Betriebsvermögen: +30.483 Euro) und Land- und Forstwirte (Wirtschaftswert oder Ersatz-wirtschaftswert: +2.290 Euro), da der Kreis der begünstigten Betriebe damit etwas erweitert wurde. Die Verlängerung des Investitionszeitraumes von zwei auf drei Jahre kann ebenfalls als Verbesserung gesehen werden, weil die Unternehmen somit 1 Wirtschaftsjahr mehr Zeit haben, liquide Mittel für die jeweilige Investition/ die jeweiligen Investitionen anzusparen. Vor allem die Erhöhung des Höchstbetrages aller in Anspruch genommenen Investitions-abzugsbeträge um 46.000 Euro auf 200.000 Euro (im Gegensatz zur Bildung der Ansparrücklagen in Höhe von höchstens 154.000 Euro) und der neu eingeführte Abzug der tatsächlichen Anschaffungskosten i Höhe dieser Beträge sind deutliche Verbesserungen. Wie anhand des praktischen Beispiels illustriert wurde, ergeben sich dadurch, im Vergleich zur alten Regelung, erhebliche Verringerungen des steuerlichen Gewinns und damit der Steuerbelastung. Ferner stellen der Wegfall der vorherigen Bildung von Ansparrücklagen zur Inanspruchnahme der

---

[31] Vgl. Höreth/Stelzer 2007, S. 52 ff.

Sonderabschreibungen sowie der technische Systemwechsel für bilanzierende Unternehmen und Land-/Forstwirte eine Vereinfachung dar. [32, 33]

Aufgrund der Tatsache, dass die Änderungen bezogen auf die Steuereinnahmen insgesamt aufkommensneutral wirken sollten, resultieren daraus ebenfalls Verschlechterungen für einige Unternehmen.

Als besonders hervorzuhebende Verschlechterung ist die Einführung einer Betriebsgrößenbeschränkung für Einnahmen-Überschuss-Rechner (Gewinn ohne Berücksichtigung des Investitionsabzugsbetrages: 100.000 Euro), da infolgedessen der Kreis dieser kleinen und mittleren Unternehmen deutlich eingegrenzt wurde. Darüber hinsaus kann konstatiert werden, dass nun die jeweiligen Betriebsgrößenmerkmale im Wirtschaftsjahr des Investitionsabzuges und nicht mehr die Betriebsgrößenmerkmale des vorangegangenen Wirtschaftsjahres für den Abzug relevant sind, wodurch gegebenenfalls ebenfalls der Kreis der begünstigten Unternehmen weiter eingegrenzt wurde. Darüber hinaus kann angemerkt werden, dass die Abschaffung der Sonderregelungen für Existenzgründer (erhöhte Summe der Ansparrücklagen: 307.000 Euro, verlängerter Investitionszeitraum: 5 Jahre, keine Verzinsung der aufgelösten Ansparrücklage bei Nichteinhaltung der Investitionsabsicht) eine Verschlechterung darstellt, weil insgesamt 107.000 Euro weniger in einem um 2 Wirtschaftsjahre verkürzten Zeitraum geltend gemacht werden können. [34, 35]

Die der Arbeit zugrundegelegte These, dass die Änderungen des § 7g EStG ausnahmslos zu Verbesserungen für alle kleinen und mittleren Unternehmen führen, kann daher nicht aufrecht erhalten werden.

Wie erläutert, führen die Modifikationen für die meisten kleinen und mittleren Unternehmen zu erheblichen Verbesserungen. Gleichermaßen würde jedoch beispielsweise Betrieben, die in einem Wirtschaftsjahr die Betriebsgrößenmerkmale erfüllen, aus Vorsichtsgründen dennoch zögerlich agieren und einen Investitionsabzugsbetrag erst im nächsten Wirtschaftsjahr in Anspruch nehmen wollen, dies bei einer geringfügigen Überschreitung der Größenmerkmale in dem relevantem Wirtschaftsjahr verwehrt bleiben. Außerdem werden Existenzgründer nicht mehr speziell begünstigt, so dass auch diese Betriebe, im Gegensatz zur

---

[32] Vgl. Glutsch et al 2008, S. 198 ff.
[33] Vgl. Höreth/Stelzer 2007, S. 52 ff.
[34] Vgl. Glutsch et al 2008, S. 198 ff.
[35] Vgl. Höreth/Stelzer 2007, S. 52 ff.

vorherigen Regelung, Nachteile erleiden mussten. Insbesondere wurde darüber hinaus der Kreis der begünstigten Einnahmen-Überschuss-Rechner, wie z.B. Arztpraxen, aufgrund der Einführung der Gewinnobergrenze stark eingegrenzt.

Diesen Betrieben könnte zwar ein Wechsel zur Gewinnermittlung durch Bilanzierung nach § 4 Absatz 3 oder § 5 EStG weiterhin die Inanspruchnahme der Begünstigungen ermöglichen, was allerdings mit einem nicht unerheblichem administrativen Aufwand verbunden wäre.[36]

Da die veränderten Bedingungen des § 7g EStG erst für nach dem 18.07.2007 endende Wirtschaftsjahre Gültigkeit besitzen, kann noch keine genaue Aussage darüber getroffen werden, ob die Unternehmen real von den Änderungen profitieren. Theorie und Praxis sind schließlich oftmals zweierlei Dinge. Alles in allem kann dennoch vermutet werden, dass der Großteil der kleinen und mittleren Unternehmen wahrscheinlich von der Änderung des § 7g EStG profitiert. Die weiteren Entwicklungen im Hinblick auf deutsche und möglicherweise auch europäische Steuergesetzesvorhaben sind zu beobachten.

---

[36] Vgl. Kayser-Passmann 2007

Quellenverzeichnis

Ballof, F. / Krudewig, W., Die Unternehmensteuerreform unter besonderer Berücksichtigung der GmbH, 1. Auflage, Köln 2007

Blumenberg, J. / Benz, S., Die Unternehmenssteuerreform 2008, 1. Auflage, Köln 2007

CDU/CSU/SPD, Gemeinsam für Deutschland. Mit Mut und Menschlichkeit, Koalitionsvertrag vom 11.11.2005, Rheinbach 2005

Glutsch, S. et al, Das neue Unternehmenssteuerrecht. Richtig beraten nach der Unternehmenssteuerreform 2008, 1. Auflage, Wiesbaden 2008

Höreth, U./Stelzer, U., Investitionsabzugsbeträge und Sonderabschreibungen für kleine und mittlere Betriebe in: Höreth, U./Ortmann-Babel, M. (ERNST & YOUNG/BDI), Die Unternehmenssteuerreform 2008. Änderungen – Zweifels-fragen – Gestaltungsmöglichkeiten, 1. Auflage, Bonn 2007

Kayser-Passmann, D., Die Ansparabschreibung ist für Niedergelassene bald passé in: Ärzte Zeitung Nr. 33, Neu-Isenburg 2007

Möhlenbrock, R. / Benecke. A. (IDW), Handbuch zur Unternehmenssteuerreform 2008. Aktuelle Gesetzestexte einschließlich Begründungen, Entwürfen und Materialien, Düsseldorf 2007

NWB-Redaktion, Wichtige Steuergesetze mit Durchführungsverordnungen, 55. Auflage, Herne 2007

NWB-Redaktion, Wichtige Steuergesetze mit Durchführungsverordnungen, 57. Auflage, Herne 2009

Sorg, P., Sonderabschreibungen und Ansparabschreibungen zur Förderung kleinerer und mittlerer Betriebe gemäß § 7g EstG i.V.m. R 7g EstR in:

WiSt-Heft, 34 Jahrgang, Heft 5, München 2005

BEI GRIN MACHT SICH IHR WISSEN BEZAHLT

- Wir veröffentlichen Ihre Hausarbeit,
  Bachelor- und Masterarbeit

- Ihr eigenes eBook und Buch -
  weltweit in allen wichtigen Shops

- Verdienen Sie an jedem Verkauf

Jetzt bei www.GRIN.com hochladen und kostenlos publizieren